中华人民共和国行业标准

公路护栏安全性能评价标准

Standard for Safety Performance Evaluation of Highway Barriers

JTG B05-01—2013

主编单位：北京深华达交通工程检测有限公司
批准部门：中华人民共和国交通运输部
实施日期：2013 年 12 月 01 日

人民交通出版社

图书在版编目（CIP）数据

公路护栏安全性能评价标准：JTG B05-01：2013 / 北京深华达交通工程检测有限公司主编. — 北京：人民交通出版社，2013.11
ISBN 978-7-114-10992-8

Ⅰ. ①公… Ⅱ. ①北… Ⅲ. ①道路–防护–栏杆–产品安全性能–评价标准–中国 Ⅳ. ①U417.1-65

中国版本图书馆 CIP 数据核字（2013）第 267048 号

标准类型：	中华人民共和国行业标准
标准名称：	公路护栏安全性能评价标准
标准编号：	JTG B05-01—2013
主编单位：	北京深华达交通工程检测有限公司
责任编辑：	吴有铭
出版发行：	人民交通出版社
地　　址：	（100011）北京市朝阳区安定门外外馆斜街 3 号
网　　址：	http://www.ccpress.com.cn
销售电话：	（010）59757973
总 经 销：	人民交通出版社发行部
经　　销：	各地新华书店
印　　刷：	北京市密东印刷有限公司
开　　本：	880×1230　1/16
印　　张：	3.5
字　　数：	73 千
版　　次：	2013 年 11 月　第 1 版
印　　次：	2022 年 8 月　第 6 次印刷
书　　号：	ISBN 978-7-114-10992-8
定　　价：	30.00 元

（有印刷、装订质量问题的图书，由本社负责调换）

中华人民共和国交通运输部

公 告

2013 年第 67 号

交通运输部关于发布《公路护栏安全性能评价标准》的公告

现发布《公路护栏安全性能评价标准》(JTG B05-01—2013),作为公路工程行业标准,自 2013 年 12 月 1 日起施行,原《高速公路护栏安全性能评价标准》(JTG/T F83-01—2004)同时废止。

《公路护栏安全性能评价标准》(JTG B05-01—2013)的管理权和解释权归交通运输部,日常解释和管理工作由主编单位北京深华达交通工程检测有限公司负责。

请各有关单位注意在实践中总结经验,将发现的问题和修改建议及时函告北京深华达交通工程检测有限公司(地址:北京市丰台区科学城海鹰路一号院三号楼,邮政编码:100070),以便修订时研用。

特此公告。

中华人民共和国交通运输部
2013 年 10 月 31 日

交通运输部办公厅　　　　　　　　　　　　　　　2013 年 11 月 1 日印发

前　言

根据交通运输部厅公路字〔2008〕147号文《关于下达2008年度公路工程标准制修订项目计划的通知》的要求，由北京深华达交通工程检测有限公司承担对《高速公路护栏安全性能评价标准》（JTG/T F83-01—2004）（以下简称"原标准"）的修订工作。

本次修订工作总结了我国近年来公路护栏运用、科研与实车足尺碰撞试验的经验，充分吸收借鉴了国外公路护栏相关标准与先进技术，按照"以人为本"的指导原则，对原标准进行了全面修订。

本标准包括5章和2个附录，即：1 总则、2 术语、3 防护等级、4 安全性能评价指标、5 实车足尺碰撞试验、附录A 公路护栏安全性能评价报告、附录B 车辆重心处加速度间接测试方法。

本次修订的主要内容包括：

1. 适用范围由原标准的适用于高速公路护栏标准段扩大到适用于各等级公路的护栏标准段、护栏过渡段、中央分隔带开口护栏以及护栏端头和防撞垫。

2. 新增了护栏过渡段、中央分隔带开口护栏、护栏端头和防撞垫的防护等级，增设了设计防护能量为40kJ、640kJ和760kJ的三个公路护栏防护等级。

3. 对安全性能评价指标进行了修订。采用乘员碰撞速度和乘员碰撞后加速度两项指标评价公路护栏缓冲功能；采用导向驶出框评价公路护栏导向功能；取消护栏最大横向动态变形值限值规定，改为记录公路护栏变形相关性能指标。

4. 完善了实车足尺碰撞试验方法，明确规定每种防护等级的护栏标准段、护栏过渡段和中央分隔带开口护栏均应采用小型客车、大中型客车（包括特大型客车）和大中型货车三种碰撞车型进行实车足尺碰撞试验。

5. 规定了实车足尺碰撞试验车辆整备质量、几何尺寸、重心位置等主要技术参数要求。

本标准由贾日学和罗满良负责起草第1章，由汤文杰、汪双杰和李春杰负责起草第2章，由彭立负责起草第3章，由贾宁和闫书明负责起草第4章和附录，由高水德、侯德藻和李勇负责起草第5章。

请各有关单位在执行过程中，将发现的问题和意见，函告本标准日常管理组，联系人：贾宁（地址：北京市丰台区科学城海鹰路一号院三号楼，邮编：100070，电话及传真：010-63771430，电子邮箱：jiaotong2007@126.com），以便修订时参考。

主 编 单 位：北京深华达交通工程检测有限公司
参 编 单 位：北京中路安交通科技有限公司
　　　　　　中交第一公路勘察设计研究院有限公司
　　　　　　交通运输部公路科学研究院
　　　　　　河北省交通规划设计院
　　　　　　湖南省交通规划勘察设计院
主　　　编：贾日学
主要参编人员：汤文杰　汪双杰　贾　宁　高水德
　　　　　　　闫书明　罗满良　侯德藻　李　勇
　　　　　　　彭　立　李春杰

目　次

1 总则 ··· 1
2 术语 ··· 2
3 防护等级 ··· 5
4 安全性能评价指标 ··· 6
　4.1 护栏标准段、护栏过渡段和中央分隔带开口护栏的安全性能评价指标 ······· 6
　4.2 护栏端头的安全性能评价指标 ··· 7
　4.3 防撞垫的安全性能评价指标 ··· 8
5 实车足尺碰撞试验 ··· 10
　5.1 一般规定 ·· 10
　5.2 试验护栏 ·· 10
　5.3 试验碰撞条件 ··· 11
　5.4 碰撞点位置 ·· 13
　5.5 试验车辆 ·· 14
　5.6 试验碰撞条件容许误差 ·· 15
　5.7 测试参数及方法 ·· 16
　5.8 试验结论 ·· 18
附录 A 公路护栏安全性能评价报告 ··· 19
附录 B 车辆重心处加速度间接测试方法 ··· 25
本标准用词用语说明 ·· 26
附件 《公路护栏安全性能评价标准》（JTG B05-01—2013）条文说明 ·············· 27
　1 总则 ·· 29
　2 术语 ·· 30
　3 防护等级 ·· 31
　4 安全性能评价指标 ··· 32
　5 实车足尺碰撞试验 ··· 37

1 总则

1.0.1 为统一公路护栏安全性能评价标准和检测方法，制定本标准。

1.0.2 本标准适用于公路护栏的护栏标准段、护栏过渡段、中央分隔带开口护栏以及护栏端头和防撞垫的安全性能评价。

1.0.3 公路护栏安全性能应采用实车足尺碰撞试验进行评价。

1.0.4 公路护栏安全性能评价除应符合本标准的规定外，尚应符合国家和行业现行有关标准的规定。

2 术语

2.0.1 公路护栏 highway barriers
设置于公路行车道外侧或中央分隔带的一种带状吸能结构，车辆碰撞时通过自体变形或车辆爬升吸收碰撞能量，从而降低乘员的伤害程度。

2.0.2 护栏标准段 standard sections of highway barriers
断面结构形式保持不变并在一定长度范围内连续设置的公路护栏结构段。

2.0.3 护栏过渡段 transition sections of highway barriers
设置于两种不同结构形式或不同防护等级的公路护栏之间、连接平顺、结构刚度平稳过渡的公路护栏结构段。

2.0.4 中央分隔带开口护栏 highway barriers of median opening
设置于中央分隔带开口处、具有开启功能的公路护栏结构段。

2.0.5 护栏端头 terminals of highway barriers
设置于护栏标准段起始端或结束端的一种吸能结构。

2.0.6 防撞垫 crash cushions
设置于公路交通分流处或障碍物前端的一种吸能结构，车辆碰撞时通过自体变形吸收碰撞能量，从而降低乘员的伤害程度。

2.0.7 可导向防撞垫 redirective crash cushions
具备侧碰导向功能的防撞垫。

2.0.8 非导向防撞垫 non-redirective crash cushions
不具备侧碰导向功能的防撞垫。

2.0.9 公路护栏安全性能 safety performance of highway barriers
公路护栏所具有的对碰撞车辆的阻挡功能、缓冲功能和导向功能。

2.0.10 阻挡功能 containment performance
公路护栏阻挡碰撞车辆穿越、翻越和骑跨的能力。

2.0.11 缓冲功能 buffering performance
公路护栏降低对碰撞车辆和车内乘员冲击程度的能力。

2.0.12 导向功能 redirective performance
公路护栏使碰撞车辆向行车方向顺利导出并恢复运行状态的能力。

2.0.13 公路护栏防护等级 protection level of highway barriers
按照设计防护能量或设计防护速度对公路护栏安全性能划分的等级。

2.0.14 设计防护能量 design protection energy
护栏标准段、护栏过渡段和中央分隔带开口护栏能够安全防护的车辆最大碰撞能量。

2.0.15 设计防护速度 design protection velocity
护栏端头和防撞垫能够安全防护的小型客车最大碰撞速度。

2.0.16 碰撞车型 impact vehicle type
用于实车足尺碰撞试验的试验车辆类型。

2.0.17 试验碰撞条件 impact test conditions
实车足尺碰撞试验时，对于试验护栏所采用的碰撞车型、车辆总质量、碰撞速度和碰撞角度的组合。

2.0.18 实车足尺碰撞试验 full-scale impact test with real vehicle
按照规定的试验碰撞条件采用试验车辆对1:1比例的试验护栏进行碰撞试验，根据检测的试验数据评价试验护栏安全性能的试验方法。

2.0.19 碰撞点 impact point
实车足尺碰撞试验时，试验护栏上最先被车辆碰撞处的地面投影点。

2.0.20 驶离点 exit point
实车足尺碰撞试验时，车辆首次碰撞试验护栏的轮迹与试验护栏碰撞前迎撞面最内边缘的地面投影线最后相交的点。

2.0.21 碰撞速度 impact velocity

试验车辆在碰撞点前6m处的行驶速度。

2.0.22 碰撞角度 impact angle

对于护栏标准段、护栏过渡段、中央分隔带开口护栏和防撞垫，碰撞角度是指车辆碰撞试验护栏初始瞬间，车辆纵向中心线与试验护栏纵轴线间的夹角；对于护栏端头，碰撞角度是指车辆碰撞护栏端头初始瞬间，车辆纵向中心线与护栏端头连接的护栏标准段纵轴线间的夹角。

2.0.23 导向驶出框 redirective exit box

为评价试验护栏导向功能，对车辆碰撞试验护栏后的运行轮迹所规定的安全范围。

2.0.24 乘员碰撞速度（OIV）occupant impact velocity

实车足尺碰撞试验时，小型客车碰撞试验护栏过程中，假想的乘员头部与乘员舱内部碰撞的瞬时相对速度。

2.0.25 乘员碰撞后加速度（ORA）occupant ridedown acceleration

实车足尺碰撞试验时，小型客车碰撞试验护栏过程中，假想的乘员头部与乘员舱内部碰撞后，假想的乘员头部与车辆共同经受的车辆重心处加速度10ms间隔平均值的最大值。

2.0.26 护栏最大横向动态变形值（D）maximum dynamic lateral deflection of highway barriers

车辆碰撞试验护栏过程中，试验护栏变形后迎撞面相对于其初始位置的最大横向水平位移。

2.0.27 护栏最大横向动态位移外延值（W）maximum dynamic widening distance of lateral deflection of highway barriers

车辆碰撞试验护栏过程中，试验护栏变形后最外边缘相对于试验护栏碰撞前最内边缘的最大横向水平距离。

2.0.28 车辆最大动态外倾值（VI）maximum dynamic vehicle incline-out distance

大中型车辆（包括特大型客车）碰撞试验护栏过程中外倾时，车辆最外边缘相对于试验护栏碰撞前最内边缘的最大横向水平距离。

2.0.29 车辆最大动态外倾当量值（VI_n）normalized maximum dynamic vehicle incline-out distance

实车足尺碰撞试验测出的车辆最大动态外倾值（VI）按照车辆总高4.2m换算后的车辆最大动态外倾值。

3 防护等级

3.0.1 护栏标准段、护栏过渡段和中央分隔带开口护栏的防护等级按设计防护能量划分为八级，见表3.0.1。

表3.0.1 护栏标准段、护栏过渡段和中央分隔带开口护栏的防护等级

防护等级	一	二	三	四	五	六	七	八
代码	C	B	A	SB	SA	SS	HB	HA
设计防护能量（kJ）	40	70	160	280	400	520	640	760

3.0.2 护栏端头和防撞垫的防护等级按设计防护速度划分为三级，见表3.0.2。

表3.0.2 护栏端头和防撞垫的防护等级

防护等级	一	二	三
代码	TB	TA	TS
设计防护速度（km/h）	60	80	100

4 安全性能评价指标

4.1 护栏标准段、护栏过渡段和中央分隔带开口护栏的安全性能评价指标

4.1.1 阻挡功能应符合下列要求：
1 应能够阻挡车辆穿越、翻越和骑跨。
2 试验护栏构件及其脱离件不得侵入车辆乘员舱。

4.1.2 缓冲功能应符合下列要求：
1 乘员碰撞速度的纵向与横向分量均不得大于 12m/s。
2 乘员碰撞后加速度的纵向与横向分量均不得大于 200m/s²。

4.1.3 导向功能应符合下列要求：
1 车辆碰撞后不得翻车。
2 车辆驶出驶离点后的轮迹经过图 4.1.3 所示的导向驶出框时不得越出直线 F。参数 A 和 B 的取值应符合表 4.1.3 的规定。

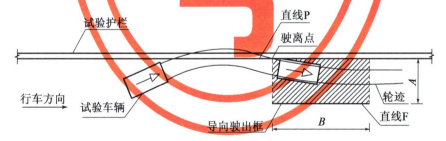

图 4.1.3 护栏标准段、护栏过渡段和中央分隔带开口护栏的车辆轮迹导向驶出框

注：1. 直线 P 为试验护栏碰撞前迎撞面最内边缘的地面投影线；
2. 直线 F 与直线 P 平行且间距为 A；
3. 直线 F 起点位于驶离点在直线 F 上的投影点，长度为 B。

表 4.1.3 参数 A 和 B 的取值（m）

碰 撞 车 型	A	B
小型客车	$2.2 + V_W + 0.16 V_L$	10
大中型客车（包括特大型客车）大中型货车	$4.4 + V_W + 0.16 V_L$	20

注：1. V_W——车辆总宽（m）；
2. V_L——车辆总长（m）。

4.2 护栏端头的安全性能评价指标

4.2.1 阻挡功能应符合下列要求：

1 护栏端头构件及其脱离件不得侵入车辆乘员舱。

2 当质量大于2kg的护栏端头脱离件散落时，散落位置应位于图4.2.1-1所示的直线 A_a 和直线 A_d 之间；直线 A_a 和直线 A_d 应平行于护栏标准段碰撞前迎撞面最内边缘的地面投影线且间距应分别为0.5m和1.0m。当护栏端头外侧无其他行驶车辆或行人等安全要求时，直线 A_d 与护栏标准段碰撞前迎撞面最内边缘地面投影线的间距可不作限制。

图4.2.1-1 质量大于2kg的护栏端头脱离件的散落位置限制区域

3 护栏端头的碰撞类型如图4.2.1-2所示；护栏端头应阻挡正向侧碰车辆穿越、翻越和骑跨。

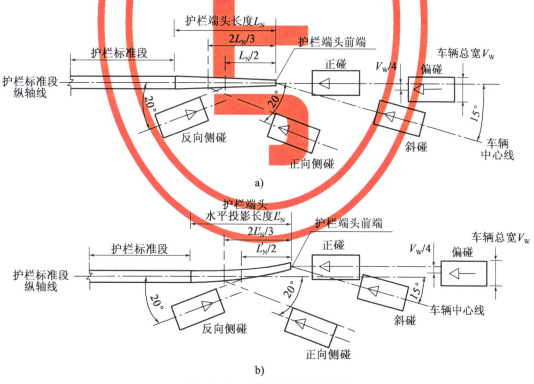

图4.2.1-2 护栏端头的碰撞类型

注：1. 图a）适用于护栏端头纵轴线与护栏标准段纵轴线的延长线重合的护栏端头；
2. 图b）适用于护栏端头纵轴线向路侧方向外展的护栏端头；
3. 图b）正碰是指试验车辆中心线正对护栏端头前端中点且行车方向与护栏标准段纵轴线平行，图b）偏碰是指试验车辆中心线与护栏端头前端中点横向偏移 $V_W/4$ 且行车方向与护栏标准段纵轴线平行。

4.2.2 缓冲功能应符合下列要求：
1 乘员碰撞速度的纵向与横向分量均不得大于12m/s。
2 乘员碰撞后加速度的纵向与横向分量均不得大于200m/s^2。

4.2.3 导向功能应符合下列要求：
1 车辆碰撞后不得翻车。
2 车辆正碰、偏碰和斜碰护栏端头后，车辆轮迹越出图4.2.3所示的导向驶出框的直线F、直线D或直线A时，车辆重心处速度不得大于碰撞速度的10%；车辆轮迹越出直线R时的车辆重心处速度可不作限制。
3 车辆正向侧碰和反向侧碰护栏端头后，车辆轮迹不得越出图4.2.3所示的导向驶出框的直线A。

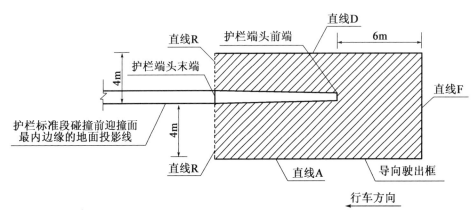

图4.2.3 护栏端头的车辆轮迹导向驶出框

注：1. 直线F垂直于护栏标准段碰撞前迎撞面最内边缘的地面投影线，与护栏端头前端间距为6m；
2. 直线D和直线A平行于护栏标准段碰撞前迎撞面最内边缘的地面投影线且间距均为4m；
3. 直线R经过护栏端头末端，垂直于护栏标准段碰撞前迎撞面最内边缘的地面投影线。

4.3 防撞垫的安全性能评价指标

4.3.1 阻挡功能应符合下列要求：
1 防撞垫构件及其脱离件不得侵入车辆乘员舱。
2 当质量大于2kg的防撞垫脱离件散落时，散落位置应位于图4.3.1所示的直线A_a和直线A_d之间；直线A_a和直线A_d均应与防撞垫侧边平行且间距均应为0.5m。

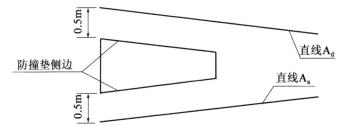

图4.3.1 质量大于2kg的防撞垫脱离件的散落位置限制区域

4.3.2 缓冲功能应符合下列要求：

1 乘员碰撞速度的纵向与横向分量均不得大于12m/s。

2 乘员碰撞后加速度的纵向与横向分量均不得大于200m/s²。

4.3.3 导向功能应符合下列要求：

1 车辆碰撞后不得翻车。

2 防撞垫的碰撞类型如图4.3.3-1所示；车辆正碰防撞垫后，车辆轮迹越出图4.3.3-2所示的导向驶出框的直线F、直线D、直线A或直线R时，车辆重心处速度不得大于碰撞速度的10%。

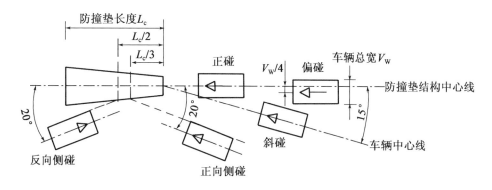

图4.3.3-1 防撞垫的碰撞类型

3 车辆偏碰、斜碰和正向侧碰防撞垫后，车辆轮迹越出图4.3.3-2所示的导向驶出框的直线F、直线D或直线A时，车辆重心处速度不得大于碰撞速度的10%。

4 车辆反向侧碰防撞垫后，车辆轮迹越出图4.3.3-2所示的导向驶出框的直线A时，车辆重心处速度不得大于碰撞速度的10%。

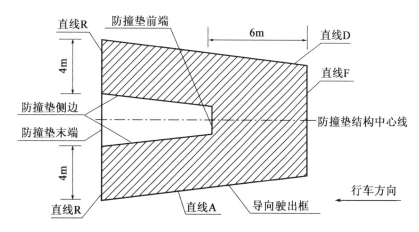

图4.3.3-2 防撞垫的车辆轮迹导向驶出框

注：1. 直线F垂直于防撞垫结构中心线，与防撞垫前端间距为6m；

2. 直线D和直线A均与防撞垫侧边平行且间距均为4m；

3. 直线R经过防撞垫末端且与防撞垫结构中心线垂直。

5 实车足尺碰撞试验

5.1 一般规定

5.1.1 试验车辆运行的路面应采用水泥混凝土路面或沥青混凝土路面，路面平整度应满足3m直尺与面层的最大间隙不超过5mm的要求。3m直尺检测方法和频率应符合现行《公路工程质量检验评定标准 第一册 土建工程》（JTG F80/1）的相关规定。

5.1.2 试验车辆运行的路面不得有积水、冰、雪以及影响车辆运行的障碍物，露天场地不得在雨、雪、雾的天气条件下进行实车足尺碰撞试验。

5.1.3 应采取措施减少测试区域和试验车辆在实车足尺碰撞试验时产生的灰尘，保证图像采集的清晰度。

5.1.4 实车足尺碰撞试验前应制定安全作业规程，所有现场人员必须配戴安全防护装备。

5.2 试验护栏

5.2.1 试验护栏的结构尺寸、材料型号和性能指标均应与其设计图纸要求一致。

5.2.2 试验护栏的设置长度应符合下列规定：
1 护栏标准段的设置长度：刚性护栏不得小于40m；半刚性护栏不得小于70m；柔性护栏不得小于180m。
2 护栏过渡段、中央分隔带开口护栏、护栏端头和防撞垫的设置长度应与其设计图纸要求一致。
3 与护栏过渡段、中央分隔带开口护栏、护栏端头和防撞垫连接的护栏标准段的设置长度应符合以下规定：刚性护栏不得小于15m；半刚性护栏不得小于25m；柔性护栏不得小于60m。

5.2.3 试验护栏的端部锚固应符合其设计图纸的要求。

5.2.4 试验护栏基础应符合其设计图纸的要求。

5.2.5 安装试验护栏后,其上部结构、下部基础、设置长度和端部锚固等技术参数应详细记录,确保符合设计要求。

5.2.6 试验护栏的施工安装应符合公路交通安全设施施工相关技术规范的要求。

5.2.7 《公路护栏安全性能评价报告》中应附有试验护栏的详细构造图纸以及材料性能试验报告。《公路护栏安全性能评价报告》格式见附录 A。

5.3 试验碰撞条件

5.3.1 护栏标准段、护栏过渡段和中央分隔带开口护栏安全性能评价应采用小型客车检测其缓冲功能、导向功能、护栏最大横向动态变形值 D 和护栏最大横向动态位移外延值 W;应采用大中型客车(包括特大型客车)和大中型货车检测其阻挡功能、导向功能、护栏最大横向动态变形值 D、护栏最大横向动态位移外延值 W 和车辆最大动态外倾值 Ⅵ。

5.3.2 护栏端头和防撞垫的安全性能评价应采用小型客车检测其阻挡功能、缓冲功能和导向功能。

5.3.3 护栏标准段、护栏过渡段和中央分隔带开口护栏的试验碰撞条件应符合表 5.3.3 的规定。

表 5.3.3 护栏标准段、护栏过渡段和中央分隔带开口护栏的试验碰撞条件

防护等级	碰撞车型	车辆总质量(t)	碰撞速度(km/h)	碰撞角度(°)
一	小型客车	1.5	50	20
	中型客车	6	40	20
	中型货车	6	40	20
二	小型客车	1.5	60	20
	中型客车	10	40	20
	中型货车	10	40	20
三	小型客车	1.5	100	20
	中型客车	10	60	20
	中型货车	10	60	20
四	小型客车	1.5	100	20
	中型客车	10	80	20
	大型货车	18	60	20

续表 5.3.3

防护等级	碰撞车型	车辆总质量（t）	碰撞速度（km/h）	碰撞角度（°）
五	小型客车	1.5	100	20
	大型客车	14	80	20
	大型货车	25	60	20
六	小型客车	1.5	100	20
	大型客车	18	80	20
	大型货车	33	60	20
七	小型客车	1.5	100	20
	特大型客车	25	80	20
	大型货车	40	60	20
	大型货车	55	60	20
八	小型客车	1.5	100	20
	特大型客车	25	85	20
	大型货车	40	65	20
	大型货车	55	65	20

注：表中 55t 大型货车为鞍式列车，其他大中型货车均为整体式货车。

5.3.4 护栏端头和防撞垫的试验碰撞条件应符合表 5.3.4 的规定。当护栏端头和防撞垫无反向侧碰要求时，可不进行反向侧碰试验；非导向防撞垫可不进行正向侧碰和反向侧碰试验。

表 5.3.4 护栏端头和防撞垫的试验碰撞条件

防护等级	碰撞类型	碰撞车型	车辆总质量（t）	碰撞速度（km/h）	碰撞角度（°）
一	正碰	小型客车	1.5	60	0
	斜碰				15
	偏碰				0
	正向侧碰				20
	反向侧碰				20
二	正碰	小型客车	1.5	80	0
	斜碰				15
	偏碰				0
	正向侧碰				20
	反向侧碰				20
三	正碰	小型客车	1.5	100	0
	斜碰				15
	偏碰				0
	正向侧碰				20
	反向侧碰				20

5.4 碰撞点位置

5.4.1 试验护栏的碰撞点位置应符合下列规定:

1 护栏标准段:小型客车和大中型车辆(包括特大型客车)的碰撞点均应位于沿试验车辆行车方向距离护栏标准段起点1/3长度处,见图5.4.1-1。

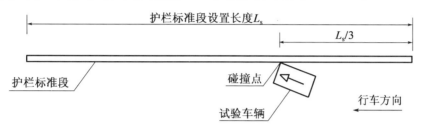

图5.4.1-1 护栏标准段的碰撞点位置

2 护栏过渡段:小型客车的碰撞点应位于沿试验车辆行车方向距离护栏过渡段起点3/4长度处,大中型车辆(包括特大型客车)的碰撞点应位于护栏过渡段中点,见图5.4.1-2。

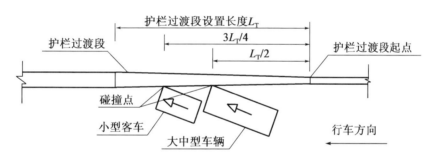

图5.4.1-2 护栏过渡段的碰撞点位置

3 中央分隔带开口护栏:小型客车和大中型车辆(包括特大型客车)的碰撞点均应位于中央分隔带开口护栏中点和沿试验车辆行车方向距离中央分隔带开口护栏终点2m的位置处,见图5.4.1-3。

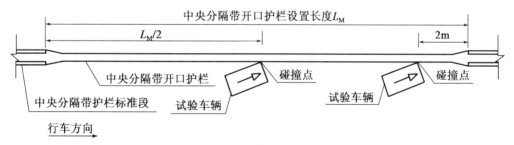

图5.4.1-3 中央分隔带开口护栏的碰撞点位置

4 护栏端头和防撞垫:护栏端头和防撞垫各种碰撞类型的碰撞点位置应符合图4.2.1-2和图4.3.3-1的规定。

5.4.2 护栏标准段、护栏过渡段和中央分隔带开口护栏的碰撞点位置偏差不得大于

30cm；护栏端头和防撞垫正向侧碰和反向侧碰的碰撞点位置偏差不得大于 30cm；护栏端头和防撞垫正碰、偏碰和斜碰的碰撞点位置偏差不得大于 15cm。

5.5 试验车辆

5.5.1 试验车辆的主要技术参数应符合表 5.5.1-1 和表 5.5.1-2 的要求。

表 5.5.1-1 客车的主要技术参数要求

车 辆 类 型		小型客车	中型客车	中型客车	大型客车	大型客车	特大型客车
车辆总质量（kg）		1 500	6 000	10 000	14 000	18 000	25 000
整备质量（kg）		1 320 ±75	4 080 ±300	6 950 ±500	9 860 ±800	12 660 ±1 000	17 030 ±1 000
几何尺寸（mm）（容许误差±15%）							
前轮轮距		1 500	1 760	1 890	2 020	2 050	2 110
车轮半径（空载状态）		320	370	440	500	520	540
轴距（最远轴间）		2 610	3 470	3 810	4 920	6 010	7 910
车辆总长		4 600	6 450	8 090	10 170	11 910	13 650
车辆总宽		1 770	2 210	2 440	2 490	2 520	2 540
车辆总质量重心位置（mm）							
距前轴中心的纵向距离	容许误差 ±10%	1 210	2 140	2 520	3 270	3 870	5 100
距地面高度		580	910	1 260	1 280	1 290	1 410
距纵向中心线的横向距离		±80	±90	±100	±100	±100	±100

5.5.2 试验车辆应符合下列技术规定：

1 试验车辆应总成完整，使用时间不得超过使用年限。

2 试验车辆的转向系统、悬架系统、车轮、前后桥和轮胎气压等应符合正常行驶的技术要求。

3 试验车辆配载应符合本标准第 5.5.1 条规定的车辆总质量、整备质量和重心位置等要求，配载物应均布且与车体固定；燃料箱的燃料应用水代替，其质量应为燃料箱注满燃料质量的 90%。

4 试验车辆的内外应整洁，顶部与侧面应根据图像数据采集需要设置明显清晰的基准线和基准点等标识。

5 试验前应详细检查并准确记录试验车辆的总质量、整备质量、几何尺寸、重心位置、轮胎气压和配载情况等技术参数。

表 5.5.1-2 货车的主要技术参数要求

车辆类型	中型货车		大型货车			
	整体式货车	整体式货车	整体式货车	整体式货车	鞍式列车	
轴数	2		3		4	6
车辆总质量（kg）	6 000	10 000	18 000	25 000	33 000	40 000	55 000
整备质量（kg）	2 830 ± 300	4 450 ± 500	9 050 ± 1 000		11 460 ± 1 000	13 520 ± 1 000
几何尺寸（mm）（容许误差 ±15%）						
前轮轮距	1 570	1 730	1 930		1 950	1 960
车轮半径（空载状态）	410	460	500		520	520
轴距（最远轴间）	3 380	3 870	6 910		7 610	13 420
车辆总长	6 210	7 040	11 300		11 900	16 800
车辆总宽	2 080	2 290	2 470		2 490	2 500
货厢底板高度	1 000	1 080	1 250		1 250	1 480
配载重心位置（mm）						
距地面高度（容许误差 ±10%）	1 310	1 410	1 580		1 910	1 920
距纵向中心线的横向距离	± 100	± 100	± 100		± 100	± 100

5.5.3 试验车辆可采用电动牵引、落锤牵引或坡道加速等方法加速，加速方法应符合下列规定：

1 试验车辆应能够达到规定的碰撞速度。
2 试验车辆在加速过程中不得损坏。
3 试验车辆在碰撞试验护栏前 10m 的距离范围内应处于完全自由运行状态。
4 在碰撞试验护栏过程中，试验车辆的转向系统应处于自由状态，制动系统不得起作用。

5.6 试验碰撞条件容许误差

5.6.1 护栏标准段、护栏过渡段和中央分隔带开口护栏的试验碰撞条件容许误差应符合表 5.6.1 的规定。大中型车辆（包括特大型客车）的碰撞能量不得低于相应防护等级的设计防护能量。

5.6.2 护栏端头和防撞垫的试验碰撞条件容许误差应符合表 5.6.2 的规定。

表5.6.1 护栏标准段、护栏过渡段和中央分隔带开口护栏的试验碰撞条件容许误差

车 辆 类 型	车辆总质量容许误差（kg）	碰撞速度容许误差（km/h）	碰撞角度容许误差（°）
1.5t 小型客车	-75 ~ 0	0 ~ +4	-1.0 ~ +1.5
6t 和 10t 中型车辆	0 ~ +300		
14t 大型客车	0 ~ +400		
18t 及 18t 以上大型车辆（包括特大型客车）	0 ~ +500		

表5.6.2 护栏端头和防撞垫的试验碰撞条件容许误差

车 辆 类 型	车辆总质量容许误差（kg）	碰撞速度容许误差（km/h）	碰撞角度容许误差（°）
1.5t 小型客车	-75 ~ 0	0 ~ +4	-1.0 ~ +1.5

5.7 测试参数及方法

5.7.1 测试参数及方法应符合表5.7.1的规定。

表5.7.1 测试参数及方法

测 试 参 数	测试方法执行的相关标准
车辆总质量、整备质量	《汽车质量（重量）参数测定方法》（GB/T 12674）
车辆重心位置	《两轴道路车辆重心位置的测定》（GB/T 12538）
碰撞速度、车辆速度	《道路车辆—碰撞试验碰撞速度测量方法》（ISO 3784）
碰撞角度	《碰撞试验仪器—第2部分—图像仪器》（SAE J211/2）
护栏变形损坏车辆运行姿态和轮迹	《碰撞试验仪器—第2部分—图像仪器》（SAE J211/2）
车辆重心处加速度	《道路车辆—碰撞试验测量技术—测试仪器》（ISO 6487）《碰撞试验仪器—第1部分—电子仪器》（SAE J211/1）
护栏最大横向动态变形值 护栏最大横向动态位移外延值 车辆最大动态外倾值	《碰撞试验仪器—第1部分—电子仪器》（SAE J211/1）《碰撞试验仪器—第2部分—图像仪器》（SAE J211/2）

5.7.2 大中型车辆（包括特大型客车）的车辆最大动态外倾当量值应按式（5.7.2）计算：

$$VI_n = VI + (4.2 - V_H)\sin\alpha \tag{5.7.2}$$

式中：VI_n——大中型车辆（包括特大型客车）的车辆最大动态外倾当量值（m）；

VI——实车足尺碰撞试验测出的车辆最大动态外倾值（m）；

V_H——试验车辆总高（m）；

α——试验车辆外倾角度（°）。

5.7.3 小型客车的车辆重心处加速度测试应符合下列规定：

1 试验车辆的重心处应安装纵向加速度传感器和横向加速度传感器，加速度传感器的安装位置与车辆重心的纵向偏差不得大于70mm，横向和竖向偏差不得大于40mm。

2 加速度传感器应安装牢固，碰撞过程中不得松动。

3 当试验车辆重心处无法安装加速度传感器时，车辆重心处加速度测试可采用附录B的间接测试方法。

5.7.4 乘员碰撞速度应按式（5.7.4-1）计算：

$$v_{x,y} = \int_0^{t^*} a_{x,y} dt \qquad (5.7.4\text{-}1)$$

式中：$v_{x,y}$——纵向（x方向）或横向（y方向）的乘员碰撞速度；

$a_{x,y}$——纵向（x方向）或横向（y方向）的车辆重心处加速度；

t^*——假想的乘员头部与乘员舱内部碰撞的时刻，取值为假想的乘员头部在乘员舱内纵向（x方向）移动0.6m或横向（y方向）移动0.3m的时间，应按式（5.7.4-2）计算。

$$X, Y = \int_0^{t^*} \int_0^{t^*} a_{x,y} dt^2 \qquad (5.7.4\text{-}2)$$

式中：$X = 0.6\text{m}$，$Y = 0.3\text{m}$，t^*为满足x、y方向积分等式所得的t_x^*和t_y^*的较小值。

5.7.5 实车足尺碰撞试验图像采集时，高速摄像机布置应符合图5.7.5-1～图5.7.5-3的规定，拍摄速度不得低于500F/s，图片分辨率不得低于100万像素。

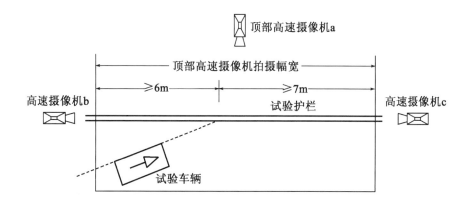

图5.7.5-1 高速摄像机布置示意图（适用于护栏标准段、护栏过渡段和中央分隔带开口护栏）

注：1.高速摄像机a用于记录试验护栏变形损坏以及车辆的碰撞角度、运行姿态和轮迹；

2.高速摄像机b和高速摄像机c用于记录试验护栏变形损坏、护栏最大横向动态变形值、护栏最大横向动态位移外延值、车辆最大动态外倾值以及车辆运行姿态。

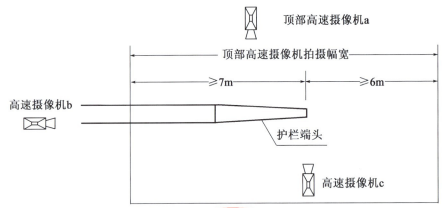

图 5.7.5-2　高速摄像机布置示意图（适用于护栏端头）

注：1. 高速摄像机 a 用于记录护栏端头变形损坏以及车辆的碰撞角度、运行姿态和轮迹；
　　2. 高速摄像机 b 和高速摄像机 c 用于记录护栏端头变形损坏以及车辆运行姿态。

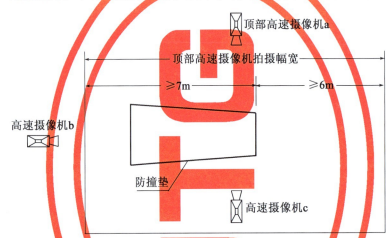

图 5.7.5-3　高速摄像机布置示意图（适用于防撞垫）

注：1. 高速摄像机 a 用于记录防撞垫变形损坏以及车辆的碰撞角度、运行姿态和轮迹；
　　2. 高速摄像机 b 和高速摄像机 c 用于记录防撞垫变形损坏以及车辆运行姿态。

5.8　试验结论

5.8.1　实车足尺碰撞试验出现下列情况之一时，该试验应视为无效试验：
1　试验过程中，发现仪器故障或偏离标准状态。
2　试验过程中发生停电或其他突发事件，导致测试数据不连续或产生异常现象。
3　试验过程中或结束后，发现测点位置及仪器安装位置错误或偏移。
4　试验碰撞条件误差不满足本标准的容许误差要求。

5.8.2　按照试验护栏相应防护等级各种试验碰撞条件进行实车足尺碰撞试验的结果，必须同时满足阻挡功能、缓冲功能和导向功能所对应的评价指标要求，方可认定该试验护栏达到相应的防护等级。

5.8.3　实车足尺碰撞试验应编制《公路护栏安全性能评价报告》。

附录 A 公路护栏安全性能评价报告

A.1 公路护栏安全性能评价报告封面

（资质证明盖章处）

编号：

公路护栏安全性能评价报告

试验护栏名称及形式：_____
申 检 防 护 等 级：_____
委 托 单 位：_____
评 价 单 位：(盖章)
批 准 日 期：_____

A.2 公路护栏安全性能评价报告扉页（注意事项）

注 意 事 项

1. 报告每页都应盖有检测专用章的骑缝章，否则视为无效；
2. 报告无主检、审核、批准人签字无效；
3. 报告涂改无效，复印件未加盖评价单位检测专用章无效；
4. 报告结果只对试验护栏有效。

A.3 公路护栏安全性能评价报告提纲

1 概述

试验依据、试验护栏形式、试验护栏名称及相应防护等级对应的试验碰撞条件等。

2 试验护栏

设计图纸、主要设计参数的详细记录（上部结构、下部基础、设置长度和端部锚固等）、材料性能试验报告以及试验护栏照片等。

3 试验车辆

车辆总质量、整备质量、几何尺寸、重心位置、轮胎气压和配载情况等技术参数以及试验车辆照片等。

4 试验环境

仪器型号、试验场地布置和气候环境（温度、湿度、风力、风向等）。

5 测试结果

1）试验碰撞条件

碰撞速度、碰撞角度以及碰撞点位置的数据。

2）测试指标与分析

①试验护栏的损坏情况和车辆轮迹的数据和照片

②试验护栏构件及其脱离件侵入车辆乘员舱情况的照片

③质量大于2kg的护栏端头脱离件和防撞垫脱离件的散落情况

④车辆轮迹越出导向驶出框瞬间的车辆重心处速度数据（护栏端头和防撞垫）

⑤小型客车车辆重心处加速度数据以及乘员碰撞速度和乘员碰撞后加速度的计算过

程数据

⑥车辆碰撞试验护栏过程的视频数据

⑦护栏标准段、护栏过渡段和中央分隔带开口护栏的护栏最大横向动态变形值、护栏最大横向动态位移外延值、车辆最大动态外倾值和车辆最大动态外倾当量值

⑧护栏端头和防撞垫的残余变形

⑨试验护栏端部锚固的受力变形情况

⑩试验护栏脱离件的材质、尺寸、质量和散落位置

⑪车辆乘员舱变形的数据和照片

6　试验结论

1）试验有效性结论

根据试验过程中是否出现本标准规定的导致无效试验的异常情况，给出试验有效性结论。

2）安全性能评价结论

根据阻挡功能、缓冲功能和导向功能评价指标的测试结果，给出试验护栏安全性能是否达到相应防护等级的结论。

A.4　公路护栏安全性能评价简表（表 A.4-1～表 A.4-3）

表 A.4-1 护栏标准段、护栏过渡段和中央分隔带开口护栏的评价简表

<table>
<tr><td colspan="2">试验护栏名称及编号</td><td colspan="2"></td><td colspan="2">委托单位</td><td colspan="3"></td></tr>
<tr><td colspan="2">试验护栏设计图纸</td><td colspan="8">见附件</td></tr>
<tr><td colspan="2">评价依据</td><td colspan="4">《公路护栏安全性能评价标准》（JTG B05-01—2013）</td><td colspan="2">评价方法</td><td colspan="3">实车足尺碰撞试验</td></tr>
<tr><td rowspan="4">试验碰撞条件测试结果</td><td>试验编号</td><td colspan="2">试验日期</td><td>碰撞车型</td><td>车辆总质量（t）</td><td colspan="2">碰撞速度（km/h）</td><td>碰撞角度（°）</td><td>碰撞能量（kJ）</td></tr>
<tr><td>1</td><td colspan="2"></td><td></td><td></td><td colspan="2"></td><td></td><td></td></tr>
<tr><td>2</td><td colspan="2"></td><td></td><td></td><td colspan="2"></td><td></td><td></td></tr>
<tr><td>…</td><td colspan="2"></td><td></td><td></td><td colspan="2"></td><td></td><td></td></tr>
<tr><td colspan="4" rowspan="2">评价项目</td><td colspan="2">小型客车</td><td colspan="2">大中型客车（包括特大型客车）</td><td colspan="2">大中型货车</td></tr>
<tr><td>测试结果</td><td>是否合格</td><td>测试结果</td><td>是否合格</td><td>测试结果</td><td>是否合格</td></tr>
<tr><td rowspan="2">阻挡功能</td><td colspan="3">车辆是否穿越、翻越和骑跨试验护栏</td><td></td><td></td><td></td><td></td><td></td><td></td></tr>
<tr><td colspan="3">试验护栏构件及其脱离件是否侵入车辆乘员舱</td><td></td><td></td><td></td><td></td><td></td><td></td></tr>
<tr><td rowspan="2">导向功能</td><td colspan="3">车辆碰撞后是否翻车</td><td></td><td></td><td></td><td></td><td></td><td></td></tr>
<tr><td colspan="3">车辆碰撞后的轮迹是否满足导向驶出框要求</td><td></td><td></td><td></td><td></td><td></td><td></td></tr>
<tr><td rowspan="4">缓冲功能</td><td colspan="2" rowspan="2">乘员碰撞速度（m/s）</td><td>纵向</td><td></td><td></td><td>—</td><td>—</td><td>—</td><td>—</td></tr>
<tr><td>横向</td><td></td><td></td><td>—</td><td>—</td><td>—</td><td>—</td></tr>
<tr><td colspan="2" rowspan="2">乘员碰撞后加速度（m/s²）</td><td>纵向</td><td></td><td></td><td>—</td><td>—</td><td>—</td><td>—</td></tr>
<tr><td>横向</td><td></td><td></td><td>—</td><td>—</td><td>—</td><td>—</td></tr>
<tr><td colspan="4">护栏最大横向动态变形值 D</td><td></td><td></td><td></td><td></td><td></td><td></td></tr>
<tr><td colspan="4">护栏最大横向动态位移外延值 W</td><td></td><td></td><td></td><td></td><td></td><td></td></tr>
<tr><td colspan="4">车辆最大动态外倾值 VI</td><td colspan="2">—</td><td></td><td></td><td></td><td></td></tr>
<tr><td colspan="4">车辆最大动态外倾当量值 VI_n</td><td colspan="2">—</td><td></td><td></td><td></td><td></td></tr>
<tr><td colspan="4">试验是否有效</td><td></td><td></td><td></td><td></td><td></td><td></td></tr>
<tr><td colspan="2">评价结论</td><td colspan="8">该护栏标准段/护栏过渡段/中央分隔带开口护栏安全性能满足/不满足××防护等级要求。</td></tr>
<tr><td colspan="2">评价单位名称</td><td colspan="8">（盖章）
　　　　　　　　　　　　　　　　　　　　　　　　　　　年　月　日</td></tr>
<tr><td colspan="2">主检</td><td colspan="2">（签字）</td><td colspan="2">审核</td><td colspan="2">（签字）</td><td>批准</td><td>（签字）</td></tr>
</table>

表 A.4-2 护栏端头的评价简表

试验护栏名称及编号				委托单位					
试验护栏设计图纸			见附件						
评价依据		《公路护栏安全性能评价标准》（JTG B05-01—2013）		评价方法		实车足尺碰撞试验			

试验碰撞条件测试结果	试验编号	试验时间	碰撞车型	车辆总质量（t）	碰撞速度（km/h）	碰撞角度（°）
	1					
	2					
	3					
	…					

	评价项目		正碰		斜碰		偏碰		正向侧碰		反向侧碰（可选）	
			测试结果	是否合格	测试结果	是否合格	测试结果	是否合格	测试结果	是否合格	测试结果	是否合格
阻挡功能	车辆是否穿越、翻越和骑跨试验护栏		—	—	—	—	—	—			—	—
	试验护栏构件及其脱离件是否侵入车辆乘员舱											
	质量大于2kg的试验护栏脱离件的散落位置是否满足要求											
导向功能	车辆碰撞后是否翻车											
	车辆碰撞后的轮迹是否满足导向驶出框要求											
缓冲功能	乘员碰撞速度（m/s）	纵向										
		横向										
	乘员碰撞后加速度（m/s²）	纵向										
		横向										
试验是否有效												
评价结论		该护栏端头安全性能满足/不满足××防护等级的要求。										
评价单位名称		（盖章） 年 月 日										
主检	（签字）	审核	（签字）	批准		（签字）						

表 A.4-3 防撞垫的评价简表

试验护栏名称及编号				委托单位					
试验护栏设计图纸		\multicolumn{8}{c|}{见附件}								
评价依据		\multicolumn{3}{c	}{《公路护栏安全性能评价标准》(JTG B05-01—2013)}			评价方法		实车足尺碰撞试验	

试验碰撞条件测试结果	试验编号	试验时间	碰撞车型	车辆总质量（t）	碰撞速度（km/h）	碰撞角度（°）
	1					
	2					
	3					
	…					

评价项目			正碰		斜碰		偏碰		正向侧碰		反向侧碰（可选）	
			测试结果	是否合格	测试结果	是否合格	测试结果	是否合格	测试结果	是否合格	测试结果	是否合格
阻挡功能	\multicolumn{2}{l	}{试验护栏构件及其脱离件是否侵入车辆乘员舱}										
	\multicolumn{2}{l	}{质量大于2kg的试验护栏脱离件的散落位置是否满足要求}										
导向功能	\multicolumn{2}{l	}{车辆碰撞后是否翻车}										
	\multicolumn{2}{l	}{车辆碰撞后的轮迹是否满足导向驶出框要求}										
缓冲功能	乘员碰撞速度（m/s）	纵向										
		横向										
	乘员碰撞后加速度（m/s²）	纵向										
		横向										
试验是否有效												

评价结论	该防撞垫安全性能满足/不满足××防护等级的要求。		
评价单位名称	（盖章）		年 月 日
主检	（签字）	审核 （签字） 批准	（签字）

附录 B 车辆重心处加速度间接测试方法

B.0.1 加速度传感器的安装（图 B.0.1）应符合下列规定：

1 加速度传感器 1 和加速度传感器 2 均应位于试验车辆的纵向中心线上，纵向间距不应小于 60cm，竖向间距不应大于 2cm。

2 加速度传感器 1 距地面高度 h_1 与试验车辆重心距地面高度 H 的偏差不应大于 3cm。

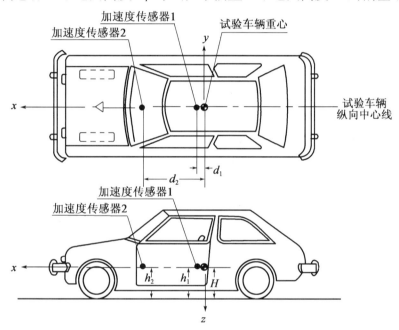

图 B.0.1 加速度传感器的安装

B.0.2 车辆重心处加速度应按式（B.0.2-1）和式（B.0.2-2）计算：

$$a_x = \frac{d_2 a_{x1} - d_1 a_{x2}}{d_2 - d_1} \quad \text{（B.0.2-1）}$$

$$a_y = \frac{d_2 a_{y1} - d_1 a_{y2}}{d_2 - d_1} \quad \text{（B.0.2-2）}$$

式中：a_x、a_y——车辆重心处的纵向加速度和横向加速度；

d_1、d_2——加速度传感器 1 和加速度传感器 2 在 x 轴的位置坐标（图 B.0.1），坐标原点为试验车辆重心，车辆行车方向为 x 轴正方向；

a_{x1}、a_{y1}——加速度传感器 1 测试的纵向加速度和横向加速度；

a_{x2}、a_{y2}——加速度传感器 2 测试的纵向加速度和横向加速度。

本标准用词用语说明

1 本标准执行严格程度的用词，采用下列写法：

1）表示很严格，非这样做不可的用词，正面词采用"必须"，反面词采用"严禁"；

2）表示严格，在正常情况下均应这样做的用词，正面词采用"应"，反面词采用"不应"或"不得"；

3）表示允许稍有选择，在条件许可时首先应这样做的用词，正面词采用"宜"，反面词采用"不宜"；

4）表示有选择，在一定条件下可以这样做的用词，采用"可"。

2 引用标准的用语采用下列写法：

1）在标准总则中表述与相关标准的关系时，采用"除应符合本标准的规定外，尚应符合国家和行业现行有关标准的规定"。

2）在标准条文及其他规定中，当引用的标准为国家标准或行业标准时，应表述为"应符合《××××××》（×××）的有关规定"。

3）当引用本标准中的其他规定时，应表述为"应符合本标准第×章的有关规定"、"应符合本标准第×.×节的有关规定"、"应符合本标准第×.×.×条的有关规定"或"应按本标准第×.×.×条的有关规定执行"。

附件

《公路护栏安全性能评价标准》

(JTG B05-01—2013)

条 文 说 明

条 文 说 明

1 总则

1.0.1 公路护栏是对失控车辆进行安全防护的重要交通基础设施。本标准在总结国内外公路护栏研究和运用经验的基础上，对公路护栏安全性能评价标准和检测方法做出了统一规定。

1.0.3 车辆碰撞公路护栏过程是复杂的动力学过程，碰撞结果与公路护栏结构形式、车辆总质量、碰撞速度、碰撞角度、车辆重心高度以及车辆几何尺寸等诸多因素有关。国内外研究机构根据多年的经验积累认定，只有通过实车足尺碰撞试验才能对公路护栏安全性能做出客观可靠的判定。实车足尺碰撞试验也是目前国际上通用的交通安全防护设施安全性能评价方法。

2 术语

2.0.26~2.0.28 护栏最大横向动态变形值 D、护栏最大横向动态位移外延值 W 和车辆最大动态外倾值 VI 如图 2-1 所示。

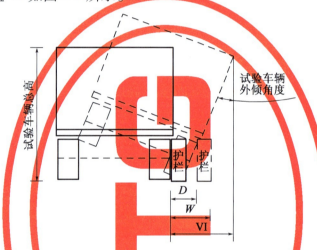

图 2-1 护栏最大横向动态变形值 D、护栏最大横向动态位移外延值 W 和车辆最大动态外倾值 VI

3 防护等级

3.0.1 本标准将护栏标准段、护栏过渡段和中央分隔带开口护栏防护等级划分为八级。考虑标准的延续性，防护等级二级至六级的设计防护能量取值与原相关标准协调一致，分别为 70kJ、160kJ、280kJ、400kJ、520kJ；根据低等级公路的防护需要，本标准增设了设计防护能量为 40kJ 的一级防护等级；根据路侧特殊危险路段的防护需要，本标准增设了设计防护能量达到 640kJ 和 760kJ 的七级和八级防护等级。

目前国外公路护栏设计防护能量的最高值分别为：美国 548kJ、欧盟 724kJ、日本 650kJ。本标准的设计防护能量最高值已高于国外标准。

3.0.2 根据交通事故调研资料，与大中型车辆（包括特大型客车）相比，小型客车由于运行速度较高且总质量较小，碰撞护栏端头和防撞垫时对车辆冲击更严重。由于小型客车乘员座位较低，护栏端头和防撞垫构件插入车体时更容易对乘员形成直接伤害。因此，本标准对护栏端头和防撞垫只考虑防护小型客车，且按防护小型客车的设计防护速度划分防护等级，这与欧盟《道路防护系统》（*Road restraint systems*，以下简称 EN 1317）和美国《安全设施评价手册》（*Manual for assessing safety hardware*，以下简称 MASH）的相关规定是一致的。

4 安全性能评价指标

4.1 护栏标准段、护栏过渡段和中央分隔带开口护栏的安全性能评价指标

4.1.1 车辆碰撞公路护栏过程中，侵入车辆乘员舱的公路护栏构件及其脱离件将严重威胁车内乘员的安全。因此，公路护栏构件及其脱离件不得侵入车辆乘员舱。

当公路护栏脱离件散落于公路护栏内侧或外侧时，可能对相邻车道行驶车辆、公路以外（或桥梁下方）的行人及车辆等造成危险，危险程度与脱离件的材质、尺寸和质量有关，因此本标准要求在公路护栏安全性能评价报告中对此记录，作为公路护栏设计选型考虑的因素之一。

4.1.2 我国对于乘员风险评价研究的经验较少，本标准借鉴美国、日本、欧盟的最新相关标准和研究成果，对原标准的缓冲功能评价指标进行修订。

（1）评价指标的确定

美国 MASH 和欧盟 EN 1317 均基于图 4-1 所示的连枷空间模型（Flail Space Model）

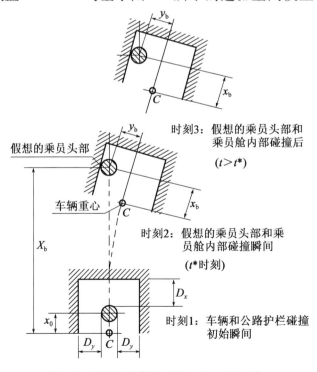

图 4-1 连枷空间模型（Flail Space Model）

评价公路护栏缓冲功能。连枷空间模型中通过三个特征时刻将小型客车碰撞公路护栏过程中不被约束的假想的乘员头部的运动状态分为两个阶段。在第一阶段，车辆碰撞公路护栏后减速，而假想的乘员头部由于惯性保持向前运动的状态，与乘员舱产生相对速度与相对位移，直至与乘员舱内部碰撞；在第二阶段，假想的乘员头部与乘员舱内部碰撞后，其运动状态即速度和加速度与车辆完全同步。

美国 MASH（表4-1）和欧盟 EN 1317（表4-2）均以假想的乘员头部和乘员舱内部碰撞的瞬时相对速度（即乘员碰撞速度，对应于美国的乘员碰撞速度 OIV 和欧盟的理论头部碰撞速度 THIV）以及碰撞后假想的乘员头部与车辆共同经受的车辆重心处加速度（即乘员碰撞后加速度，对应于美国的乘员碰撞后加速度 ORA 和欧盟的碰撞后头部减速度 PHD）作为公路护栏缓冲功能评价指标。美国 MASH 的评价指标 OIV 和 ORA 为纵向和横向分量，而欧盟 EN 1317 的评价指标 THIV 和 PHD 为纵向和横向的合成值。

表4-1 美国 MASH 规定的缓冲功能评价指标

评价指标	评价指标限值					
	OIV 限值			ORA 限值		
乘员碰撞速度（OIV）乘员碰撞后加速度（ORA）	分量	首选值	最大值	分量	首选值	最大值
	纵向	9m/s	12 m/s	纵向	15g	20g
	横向	9m/s	12 m/s	横向	15g	20g

表4-2 欧盟 EN 1317 规定的缓冲功能评价指标

评价指标	评价指标限值			
加速度严重性指数（ASI）理论头部碰撞速度（THIV）碰撞后头部减速度（PHD）	A	ASI≤1.0	且	THIV≤33km/h（9.16m/s）记录 PHD
	B	1.0＜ASI≤1.4		
	C	1.4＜ASI≤1.9		

原标准采用车辆重心处加速度的单向值评价公路护栏缓冲功能，考虑标准的延续性，本标准按美国 MASH 思路，采用评价指标的分量。

乘员碰撞速度用于衡量乘员头部和乘员舱内部碰撞瞬间的乘员安全性，根据已有实车足尺碰撞试验的乘员碰撞速度和碰撞后加速度计算结果，两者大小关系不确定，不能相互替代。

综上所述，本标准采用乘员碰撞速度和碰撞后加速度两项指标评价公路护栏缓冲功能。

（2）评价指标限值的确定

美国 MASH 采用的评价指标限值是基于志愿者、动物及假人的碰撞试验和事故统计等大量的关于人体耐冲击特性的研究得到的。

关于美国 MASH 的评价指标限值是否适用于衡量其他国家人体的碰撞严重性，日本建设省土木研究所进行了"车辆碰撞时的减速度和乘员伤害之间的关系"研究，得出车辆重心处加速度和乘员伤亡比重的关系，见表4-3。在绝大部分乘员不系安全带的情况下，车辆重心处加速度为20g时，乘员死亡比重仅为1%，而目前乘员系安全带已成为强制法规，仍采用20g的加速度限值是安全合理的，因此日本《护栏设置标准及说明》（2008年）规定，车辆重心处加速度限值为20g。

表4-3 车辆重心处加速度和乘员伤亡比重的关系

车辆重心处加速度		2g	4g	6g	10g	15g	20g	50g
乘员伤亡比重	无伤	90%	85%	81%	75%	68%	62%	34%
	轻伤	8%	12%	14%	17%	20%	22%	26%
	重伤	2%	3%	5%	8%	11%	15%	31%
	死亡	0	0	0	0	1%	1%	9%

综上所述，本标准对乘员碰撞后加速度限值的规定与美国和日本大致相同，均为20g，即200m/s^2。

对于乘员碰撞速度限值，本标准借鉴美国MASH规定的12m/s。该值是按不引起脑震荡的头部伤害标准限值（HIC）对应的车辆重心处加速度计算得出的。

4.1.3 原标准中推荐驶出角度和导向驶出框两种方法评价护栏标准段导向功能。

驶出角度是指车辆碰撞试验护栏后驶离瞬间车辆中心线与试验护栏纵轴线的夹角。由于驶离瞬间的时刻点较难捕捉，而且车辆和试验护栏会发生变形，因此驶出角度测试误差较大；另外，这种方法只评价车辆驶离试验护栏时的瞬时驶出角度，不对车辆驶离试验护栏后一定范围区间内的车辆运行轨迹进行评价，具有一定的局限性。因此本标准不采用驶出角度评价试验护栏导向功能。

原标准中护栏标准段的导向驶出框是参考欧盟EN 1317制订的，目前欧盟EN 1317和美国MASH对于护栏标准段、护栏过渡段和中央分隔带开口护栏都采用相同的导向驶出框。

综上所述，考虑导向驶出框评价的可操作性更强且评价内容较为完善，本标准采用与美国MASH和欧盟EN 1317完全相同的导向驶出框标准评价护栏标准段、护栏过渡段和中央分隔带开口护栏的导向功能。

4.2 护栏端头的安全性能评价指标

4.2.1～4.2.3 我国对于护栏端头的运用和科研试验尚处于起步阶段，经验较少，本标准护栏端头的碰撞类型、护栏端头脱离件的散落位置限制区域要求以及导向驶出框要求等是借鉴参考欧盟EN 1317制订的。

欧盟EN 1317规定的护栏端头碰撞类型如图4-2所示。考虑到我国实际公路中曾出现车辆斜碰护栏端头的情况，本标准增加斜碰这一碰撞类型。

4.3 防撞垫的安全性能评价指标

4.3.1～4.3.3 我国对于防撞垫的运用和科研试验尚处于起步阶段，经验较少，本标准防撞垫的碰撞类型、防撞垫脱离件的散落位置限制区域要求以及导向驶出框要求等是借鉴参考欧盟 EN 1317 制订的。

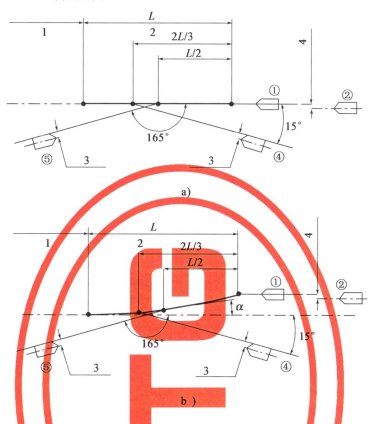

图 4-2 欧盟 EN 1317 规定的护栏端头碰撞类型

注：①-碰撞类型 1；②-碰撞类型 2；④-碰撞类型 4；⑤-碰撞类型 5；1-护栏标准段；2-护栏端头；3-1/2 车辆总宽；4-1/4 车辆总宽

欧盟 EN 1317 规定的防撞垫碰撞类型如图 4-3 所示。本标准的防撞垫碰撞类型规定与此基本一致。

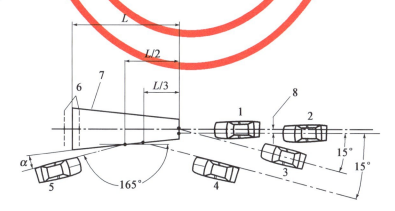

图 4-3 欧盟 EN 1317 规定的防撞垫碰撞类型

注：1~5-碰撞类型 1~5；6-障碍物前端的可选位置；7-防撞垫；8-1/4 车辆总宽

我国实际公路中通常将防撞桶作为非导向防撞垫使用，实车足尺碰撞试验确定碰撞点位置以及导向驶出框时，防撞垫的侧边、前端以及末端通过防撞桶圆形外轮廓的切线确定,如图4-4所示。

图4-4 由防撞桶构成的防撞垫的侧边、前端以及末端

条文说明

5 实车足尺碰撞试验

5.2 试验护栏

5.2.1 为了保证实车足尺碰撞试验结果真实体现试验护栏的防护能力,本标准强调在试验场安装的试验护栏应与其设计图纸相符合。

5.2.2 确定护栏标准段的试验护栏设置长度时,主要考虑两个因素:(1)试验护栏相对于实际公路护栏的长度缩短及端部锚固对其安全防护表现不造成较大影响;(2)试验过程中完整体现试验护栏对试验车辆的阻挡和导向形态。

美国 MASH 要求:试验护栏的设置长度应不小于其可能变形范围长度的 3 倍;刚性护栏(经预测侧向变形量很小的护栏)设置长度不小于 23m;半刚性护栏(例如金属梁柱式护栏)设置长度不小于 30m;柔性护栏(例如缆索护栏)设置长度不小于 183m。根据近几年我国的实车足尺碰撞试验经验,大中型车辆碰撞时各种护栏标准段的变形范围长度如表 5-1 所示,参考美国 MASH 的要求,本标准对护栏标准段的试验护栏设置长度作出具体规定。

表5-1 大中型车辆碰撞时各种护栏标准段的变形范围长度

护栏标准段类型	护栏标准段名称	试验碰撞条件					变形范围长度(m)
		车辆类型	车辆总质量(t)	碰撞速度(km/h)	碰撞角度(°)	碰撞能量(kJ)	
刚性护栏	单坡面中央分隔带混凝土护栏	大型客车	14	80	20	400	15
刚性护栏	梁柱式混凝土护栏	中型客车	10	60	20	160	16
刚性护栏	座椅式混凝土护栏	大型客车	14	80	20	400	10
刚性护栏	单坡面混凝土护栏	中型客车	10	80	20	280	6
半刚性护栏	组合式护栏	中型货车	10	60	20	160	10
半刚性护栏	加强型防撞组合式护栏	大型货车	33	65	20	630	17
半刚性护栏	港珠澳大桥梁柱式型钢护栏	大型客车	18	80	20	520	15
半刚性护栏	深圳湾大桥梁柱式型钢护栏	大型货车	24	55	20	327	8
半刚性护栏	公路陡崖峭壁钢护栏	大型客车	14	80	20	400	13
半刚性护栏	新型托架波形梁钢护栏	中型货车	10	60	20	160	16

续表 5-1

护栏标准段类型	护栏标准段名称	试验碰撞条件					变形范围长度 (m)
		车辆类型	车辆总质量 (t)	碰撞速度 (km/h)	碰撞角度 (°)	碰撞能量 (kJ)	
半刚性护栏	波形梁钢护栏	中型货车	10	60	20	160	14
半刚性护栏	波形梁钢护栏	中型货车	10	60	20	160	24
半刚性护栏	中央分隔带双层波形梁护栏	中型客车	10	60	20	160	24

5.2.4 试验护栏基础会直接影响试验结果，因此应与其设计图纸一致。

对于路基护栏的试验护栏，其基础土压实度、基础混凝土强度等级及几何尺寸、立柱外侧土路肩保护层厚度、边坡坡度和路缘石形式等应与其设计图纸要求一致。

对于桥梁护栏的试验护栏，其基础桥梁翼缘板的配筋情况、几何尺寸和混凝土强度等级等应与其设计图纸要求一致。

5.3 试验碰撞条件

5.3.1 护栏标准段、护栏过渡段和中央分隔带开口护栏实车足尺碰撞试验时，对于阻挡功能、缓冲功能和导向功能的检测是采用不同的碰撞车型进行的。与大中型车辆（包括特大型客车）相比，小型车辆速度高，质量小，所受冲击程度更严重，因此缓冲功能采用小型车辆碰撞评价；大中型车辆（包括特大型客车）虽然速度低，但质量大，碰撞能量远大于小型车辆，因此阻挡功能采用大中型车辆（包括特大型客车）评价；对于小型车辆和大中型车辆（包括特大型客车），均需评价车辆碰撞试验护栏后恢复相对正常运行状态的能力以及与其他行驶车辆发生二次碰撞的风险，因此导向功能同时采用小型车辆和大中型车辆（包括特大型客车）评价。

实车足尺碰撞试验记录的公路护栏变形有关指标中，虽然一般情况下大中型车辆（包括特大型客车）碰撞的护栏最大横向动态变形值和护栏最大横向动态位移外延值较大，但在部分缆索护栏试验中也曾出现小型车辆检测的这两项指标较大的情况，因此本标准规定对于小型车辆和大中型车辆（包括特大型客车）均检测这两项指标。

小型车辆包括小型客车和小型货车，各等级公路小型客车的构成比重远远高于小型货车，因此小型车辆应采用小型客车。

根据实车足尺碰撞试验经验，相同碰撞能量的货车与客车相比，货车碰撞力及对试验护栏的损坏程度通常大于客车，大中型货车应作为碰撞车型之一；另一方面，客车载人数较多，且货车和客车碰撞试验护栏后的运行姿态和轮迹并不相同，因此，大中型客车（包括特大型客车）也应作为碰撞车型之一。综上所述，本标准对于护栏标准段、护栏过渡段和中央分隔带开口护栏安全性能评价的大中型车辆（包括特大型客车）选取客车和货车两种碰撞车型。

5.3.3 本标准表5.3.3中护栏标准段、护栏过渡段和中央分隔带开口护栏的大中型车辆（包括特大型客车）试验碰撞条件是以碰撞能量满足相应防护等级的设计防护能量为原则制订的。碰撞能量计算公式为：

$$E = \frac{1}{2}m(v\sin\theta)^2 \tag{5-1}$$

式中：E——碰撞能量；
　　　m——车辆总质量；
　　　v——碰撞速度；
　　　θ——碰撞角度。

5.3.4 护栏端头和防撞垫的碰撞角度是借鉴参考欧盟EN 1317制订的，为了与护栏标准段、护栏过渡段和中央分隔带开口护栏的碰撞角度20°保持一致，正向侧碰和反向侧碰的碰撞角度规定为20°。

5.4 碰撞点位置

5.4.1 本标准中护栏标准段和护栏过渡段的碰撞点位置是借鉴参考欧盟EN 1317制订的。

中央分隔带开口护栏的碰撞点位置是根据我国中央分隔带开口护栏的运用、科研与实车足尺碰撞试验经验，并借鉴参考欧盟EN 1317制订的。中央分隔带开口护栏中点处碰撞试验主要检验中央分隔带开口护栏标准结构段的阻挡、缓冲和导向功能；中央分隔带开口护栏与中央分隔带护栏标准段之间一般存在结构及刚度变化，车辆碰撞此处位置易导致绊阻，结合实际应用经验，参考欧盟EN 1317的规定，本标准要求通过距离中央分隔带开口护栏终点2m位置处的碰撞试验检验此位置在车辆碰撞时的安全性能。

5.5 试验车辆

5.5.1 实车足尺碰撞试验经验表明，试验车辆的主要技术参数对试验结果有一定影响，总质量相同的车辆，由于整备质量、几何尺寸或重心高度等主要技术参数不同，所测得的车辆重心处加速度、车辆运行轨迹以及护栏最大横向动态变形值等均有一定差别。

为保证试验结果的一致性和可重复性，欧盟EN 1317和美国MASH均对试验车辆的主要技术参数提出具体要求（表5-2～表5-4）。本标准按照各防护等级的碰撞车型及车辆总质量，根据《中国汽车车型手册》（2012年版）调查统计相应车辆产品的技术参数，参考欧盟EN 1317的规定，给出各种试验车辆的主要技术参数和容许误差（表5-5和表5-6）。

表5-2 欧盟EN 1317规定的试验车辆主要技术参数

	质 量（kg）							
总质量	900 ±40	1 300 ±65	1 500 ±75	10 000 ±300	13 000 ±400	16 000 ±500	30 000 ±900	38 000 ±1 100
试验惯性质量[a]	825 ±40	1 300 ±65	1 500 ±75	10 000 ±300	13 000 ±400	16 000 ±500	30 000 ±900	38 000 ±1 100
最大配载质量[b]	100	160	180	不规定	不规定	不规定	不规定	不规定
假人	78±4	—	—	—	—	—	—	—
	几何尺寸（m）（容许误差±15%）							
轮距（前轮与后轮）	1.35	1.40	1.50	2.00	2.00	2.00	2.00	2.00
车轮半径（空载状态）	不规定	不规定	不规定	0.46	0.52	0.52	0.55	0.55
轴距（最远轴间）	不规定	不规定	不规定	4.60	6.50	5.90	6.70	11.25
	重心位置[c,d]（m）							
距前轴的纵向距离（CGX）（±10%）	0.90	1.10	1.24	2.70	3.80	3.10	4.14	6.20
距车辆中心线的横向距离（CGY）	±0.07	±0.07	±0.08	±0.10	±0.10	±0.10	±0.10	±0.10
重心距地面高度（CGZ）	车辆质量（±10%）	0.49	0.53	0.53	不规定	不规定	不规定	不规定	不规定
	配载质量（+15%，-5%）	不规定	不规定	不规定	1.50	1.40	1.60	1.90	1.90
车辆类型	小型客车	小型客车	小型客车	整体式货车	大型客车	整体式货车	整体式货车	拖挂式货车
轴数[e]	1S+1	1S+1	1S+1	1S+1	1S+1	1S+1/2	2S+2	1S+3/4

注：[a]对于货车，试验惯性质量包括配载质量；
[b]最大配载质量包括测试记录仪器的质量；
[c]确定重心位置时，假人应不在小型客车内；
[d]两轴试验车辆的重心位置确定应符合ISO 10392的规定；
[e]"S"是指转向轴。

表5-3 美国MASH规定的试验车辆主要技术参数（大中型车辆）

技术参数	车 辆 类 型						
	10000S（整体式货车—厢式）	36000V（拖挂式货车—厢式）			36000T（拖挂式货车—罐式）		
		牵引车[a]	挂车[b]	整体	牵引车[a]	挂车[c]	整体
	质量（kg）						
整备质量	6 000 ±1 000	不规定	不规定	13 200 ±1 400	不规定	不规定	13 200 ±1 400
配载质量[d]	根据需要	—	根据需要		—	根据需要	

续表 5-3

技术参数	车辆类型					
	10000S（整体式货车—厢式）	36000V（拖挂式货车—厢式）			36000T（拖挂式货车—罐式）	
		牵引车[a]	挂车[b]	整体	牵引车[a]	挂车[c]	整体
试验惯性质量	10 000 ±300	不规定	不规定	36 000 ±500	不规定	不规定	36 000 ±500
几何尺寸（mm）						
轴距（最大值）	6 100	5 100	不规定	—	5 100	不规定	—
总长（最大值）	10 000	不规定	15 250	19 850	不规定	不规定	19 850
挂车悬（最大值）[e]	—	—	2 200[f]			1 850	
货厢底板高度[g]	1 300 ±50	—	1 320 ±50				
重心位置（mm）						
配载[d]重心距地面高度	1 600 ±50	—	1 850 ±50	—	—	2 050 ±100	不规定

注：[a] 牵引车应是长头式，而不是平头式；
[b] 挂车最好是半挂结构形式，最好用滑动轴将挂车双后桥固定到框架上；
[c] 油罐最好是椭圆形断面；
[d] 推荐的配载程序参见美国 MASH4.2.1.2 节；
[e] 该距离为从挂车的最后端到挂车双后桥中心的距离；
[f] 如果挂车安装可滑动车轴，要把车轴的位置设置在最后端；
[g] 在没有配载的情况下测试。

表 5-4 美国 MASH 规定的试验车辆主要技术参数（小型车辆）

技 术 参 数	车 辆 类 型		
	1100C（小型客车）	1500A（中级小客车）	2270P（皮卡车）
质量（kg）			
试验惯性质量	1 100 ±25	1 500 ±100	2 270 ±50
假人	75	可选	可选
最大配载质量	80	200	200
静态总质量	1 175 ±25	1 500 ±35	2 270 ±50
几何尺寸（mm）			
轴距	2 500 ±125	—	3 760 ±300
前悬	900 ±100	—	1 000 ±75
总长	4 300 ±200	—	6 020 ±325
总宽	1 650 ±75	—	1 950 ±50
发动机盖高度	600 ±100	—	1 100 ±75
轮距[a]	1 425 ±50	—	1 700 ±38
重心位置[b]（mm）			
距前轴的纵向距离	990 ±100	—	1 575 ±100

续表 5-4

技术参数	车辆类型		
	1100C（小型客车）	1500A（中级小客车）	2270P（皮卡车）
距地面高度（最小值）c	—	—	710
发动机位置	前置	前置	前置
驱动轴位置	前轴	前轴或后轴	后轴
变速类型	手动或自动	手动或自动	手动或自动

注：a 轮距是指前轴轮距和后轴轮距的平均值；
　　b 重心位置是指试验惯性质量的重心位置；
　　c 车辆 2 270P 必须满足重心距地面高度的最小值要求。

表 5-5　客车的主要技术参数调查结果

车辆类型		小型客车	中型客车	中型客车	大型客车	大型客车	特大型客车
车辆总质量（kg）		1 500	6 000	10 000	14 000	18 000	25 000
整备质量（kg）	范围	1 060~1 490	3 550~4 500	6 150~7 850	8 100~11 300	11 700~13 390	15 800~19 500
	平均值	1 316	4 077	6 951	9 856	12 663	17 027
	规定值	1 320	4 080	6 950	9 860	12 660	17 030
几何尺寸（mm）							
前轮轮距	范围	1 420~1 590	1 675~1 830	1 823~1 950	1 910~2 080	2 023~2 099	2 020~2 158
	平均值	1 502	1 762	1 886	2 021	2 051	2 107
	规定值	1 500	1 760	1 890	2 020	2 050	2 110
车轮半径（空载状态）	范围	295~340	364~376	368~483	496~511	512~528	521~601
	平均值	316	371	440	503	517	538
	规定值	320	370	440	500	520	540
轴距（最远轴间）	范围	2 450~2 709	3 100~4 085	3 500~4 000	4 250~5 170	5 550~6 200	6 850~8 300
	平均值	2 610	3 471	3 810	4 917	6 011	7 905
	规定值	2 610	3 470	3 810	4 920	6 010	7 910
车辆总长	范围	4 390~4 770	5 995~7 080	7 495~8 760	8 995~10 680	10 420~12 000	12 440~13 700
	平均值	4 604	6 452	8 090	10 170	11 912	13 650
	规定值	4 600	6 450	8 090	10 170	11 910	13 650
车辆总宽	范围	1 668~1 886	2 035~2 270	2 380~2 480	2 450~2 550	2 450~2 550	2 490~2 550
	平均值	1 770	2 213	2 442	2 488	2 516	2 543
	规定值	1 770	2 210	2 440	2 490	2 520	2 540
车辆总质量重心位置（mm）							
距前轴中心的纵向距离	范围	1 006~1 290	1 996~2 576	2 295~3 705	3 106~3 478	3 513~4 160	4 480~5 284
	平均值	1 208	2 137	2 516	3 272	3 867	5 095
	规定值	1 210	2 140	2 520	3 270	3 870	5 100

续表 5-5

车辆类型		小型客车	中型客车	中型客车	大型客车	大型客车	特大型客车
车辆总质量（kg）		1 500	6 000	10 000	14 000	18 000	25 000
距地面高度	范围	490~685	740~1 066	1 101~1 376	1 210~1 404	1 240~1 450	1 340~1 550
	平均值	583	914	1 264	1 284	1 293	1 408
	规定值	580	910	1 260	1 280	1 290	1 410

表 5-6 货车的主要技术参数调查结果

车辆类型		中型货车		大型货车		
		整体式货车	整体式货车	整体式货车	整体式货车	鞍式列车
轴数		2	3	4		6
车辆总质量（kg）		6 000	10 000	18 000	25 000	33 000	40 000	55 000
整备质量（kg）	范围	2 100~3 450	3 050~4 900	6 149~10 190	10 200~14 005	12 500~15 700
	平均值	2 826	4 449	9 054	11 458	13 520
	规定值	2 830	4 450	9 050	11 460	13 520
几何尺寸（mm）						
前轮轮距	范围	1 385~1 750	1 525~1 900	1 928~1 980	1 930~1 980	1 914~2 020
	平均值	1 568	1 728	1 934	1 948	1 958
	规定值	1 570	1 730	1 930	1 950	1 960
车轮半径（空载状态）	范围	364~454	417~496	484~522	500~541	500~541
	平均值	409	462	500	522	522
	规定值	410	460	500	520	520
轴距（最远轴间）	范围	2 800~3 900	3 460~4 200	6 300~7 550	7 450~7 850	12 450~16 900
	平均值	3 383	3 871	6 912	7 612	13 420
	规定值	3 380	3 870	6 910	7 610	13 420
车辆总长	范围	5 415~6 990	6 400~7 600	10 300~12 000	11 500~12 000	16 000~17 500
	平均值	6 213	7 042	11 300	11 900	16 800
	规定值	6 210	7 040	11 300	11 900	16 800
车辆总宽	范围	1 880~2 300	2 095~2 490	2 340~2 500	2 400~2 500	2 490~2 500
	平均值	2 081	2 290	2 472	2 485	2 495
	规定值	2 080	2 290	2 470	2 490	2 500
货厢底板高度	范围	932~1 085	1 000~1 200	1 240~1 250	1 140~1 330	1 300~1 570
	平均值	1 002	1 084	1 250	1 250	1 476
	规定值	1 000	1 080	1 250	1 250	1 480
配载重心位置（mm）						
距地面高度	范围	1 274~1 431	1 275~1 475	1 540~1 650	1 740~1 930	1 710~2 000
	平均值	1 308	1 410	1 580	1 905	1 920
	规定值	1 310	1 410	1 580	1 910	1 920

与欧盟 EN 1317 规定的试验车辆技术参数相比，本标准主要不同之处有：（1）由于护栏最大横向动态变形值一般在大中型车辆（包括特大型客车）尾部碰撞试验护栏时出现，而车辆尾部与试验护栏碰撞的时间以及碰撞力大小与车辆总长有关，因此本标准增加对车辆总长的要求；（2）考虑到导向驶出框计算要用到车辆总宽，因此本标准增加对车辆总宽的要求；（3）货车货厢底板距地面高度是影响试验护栏安全防护表现的因素之一，因此本标准增加对货车货厢底板高度的要求；（4）根据计算机仿真分析结果，在试验护栏及其他试验碰撞条件参数完全一致的情况下，仅改变车辆重心距地面高度时，重心越高，护栏最大横向动态变形值越小，但车辆翻车的可能性越大，车辆重心距地面高度对试验护栏安全防护表现的影响是不确定的，因此本标准将车辆重心距地面高度容许误差由欧盟 EN 1317 中规定的 +15% ~ -5% 调整为 ±10%。

5.5.3 目前世界各国所采用的试验车辆加速方法有：电动牵引法、车辆牵引法、火箭推进法、弹射法、自身驱动法及重力加速法等。我国采用的加速方法主要有电动牵引法和重力加速法，其中重力加速法包括坡道加速法和落锤牵引法，经过 10 年来的实践，已积累丰富经验，有较完善的试验装备，所以本标准推荐采用电动牵引法、落锤牵引法和坡道加速法三种方法作为试验车辆加速方法。

在试验车辆加速前，应保证制动器踏板和转向机处于自由状态，避免发生自锁现象，使试验车辆碰撞试验护栏后能自由导出。

5.7 测试参数及方法

5.7.2 车辆碰撞公路护栏外倾时，车辆总高越高，车辆最大动态外倾值越大，因此，应采用道路行驶车辆的车辆总高最大值，根据车辆外倾角度对实车足尺碰撞试验测试的车辆最大动态外倾值进行换算，得出车辆最大动态外倾当量值，作为公路护栏设计选型时的参考。

根据现行《道路交通安全法实施条例》的规定，各种道路行驶车辆的限高最大值为 4.2m，因此车辆最大动态外倾当量值计算时采用的道路行驶车辆总高为 4.2m。

5.7.5 图像采集是测试碰撞角度、护栏最大横向动态变形值、护栏最大横向动态位移外延值、车辆最大动态外倾值及车辆运行姿态的重要手段，本标准对图像采集仪器中高速摄像机的规格、数量及布置位置都做出规定。

公路工程现行标准、规范、规程、指南一览表

（2016年1月版）

序号	类别	编号	书名（书号）	定价（元）
1	基础	JTG A02—2013	公路工程行业标准制修订管理导则(10544)	15.00
2		JTG A04—2013	公路工程标准编写导则(10538)	20.00
3		JTJ 002—87	公路工程名词术语(0346)	22.00
4		JTJ 003—86	公路自然区划标准(0348)	16.00
5		JTG B01—2014	★公路工程技术标准（活页夹版,11814）	98.00
6		JTG B01—2014	★公路工程技术标准（平装版,11829）	68.00
7		JTG B02—2013	公路工程抗震规范(11120)	45.00
8		JTG/T B02-01—2008	公路桥梁抗震设计细则(1228)	35.00
9		JTG B03—2006	公路建设项目环境影响评价规范(0927)	26.00
10		JTG B04—2010	公路环境保护设计规范(08473)	28.00
11		JTG/T B05—2004	公路项目安全性评价指南(0784)	18.00
12		JTG B05-01—2013	公路护栏安全性能评价标准(10992)	30.00
13		JTG B06—2007	公路工程基本建设项目概算预算编制办法(06903)	26.00
14		JTG/T B06-01—2007	★公路工程概算定额(06901)	110.00
15		JTG/T B06-02—2007	★公路工程预算定额(06902)	138.00
16		JTG/T B06-03—2007	★公路工程机械台班费用定额(06900)	24.00
17		交通部定额站2009版	公路工程施工定额(07864)	78.00
18		JTG/T B07-01—2006	公路工程混凝土结构防腐蚀技术规范(0973)	16.00
19		交通部2007年第30号	国家高速公路网相关标志更换工作实施技术指南(1124)	58.00
20		交通部2007年第35号	收费公路联网收费技术要求(1126)	62.00
21		交通运输部2015年第40号	★收费公路联网收费多义性路径识别技术要求(12484)	40.00
22		JTG B10-01—2014	公路电子不停车收费联网运营和服务规范(11566)	30.00
23		交通运输部2011年	公路工程项目建设用地指标(09402)	36.00
24	勘测	JTG C10—2007	★公路勘测规范(06570)	28.00
25		JTG/T C10—2007	★公路勘测细则(06572)	42.00
26		JTG C20—2011	公路工程地质勘察规范(09507)	65.00
27		JTG/T C21-01—2005	公路工程地质遥感勘察规范(0839)	17.00
28		JTG/T C21-02—2014	公路工程卫星图像测绘技术规程(11540)	25.00
29		JTG/T C22—2009	公路工程物探规程(1311)	28.00
30		JTG C30—2015	★公路工程水文勘测设计规范(12063)	70.00
31	设计 / 公路	JTG D20—2006	★公路路线设计规范(0996)	38.00
32		JTG/T D21—2014	公路立体交叉设计细则(11761)	60.00
33		JTG D30—2015	★公路路基设计规范(12147)	98.00
34		JTG/T D31—2008	沙漠地区公路设计与施工指南(1206)	32.00
35		JTG/T D31-02—2013	★公路软土地基路堤设计与施工技术细则(10449)	40.00
36		JTG/T D31-03—2011	★采空区公路设计与施工技术细则(09181)	40.00
37		JTG/T D31-04—2012	多年冻土地区公路设计与施工技术细则(10260)	40.00
38		JTG/T D32—2012	★公路土工合成材料应用技术规范(09908)	42.00
39		JTG D40—2011	★公路水泥混凝土路面设计规范(09463)	40.00
40		JTG D50—2006	★公路沥青路面设计规范(06248)	36.00
41		JTG/T D33—2012	公路排水设计规范(10337)	40.00
42	设计 / 桥隧	JTG D60—2015	★公路桥涵设计通用规范(12506)	40.00
43		JTG/T D60-01—2004	公路桥梁抗风设计规范(0814)	28.00
44		JTG D61—2005	公路圬工桥涵设计规范(0887)	19.00
45		JTG D62—2004	公路钢筋混凝土及预应力混凝土桥涵设计规范(05052)	48.00
46		JTG D63—2007	公路桥涵地基与基础设计规范(06892)	48.00
47		JTG D64—2015	★公路钢结构桥梁设计规范(12507)	80.00
48		JTG D64-01—2015	公路钢混组合桥梁设计与施工规范(12682)	45.00
49		JTG/T D65-01—2007	公路斜拉桥设计细则(1125)	28.00
50		JTG/T D65-04—2007	公路涵洞设计细则(06628)	26.00
51		JTG/T D65-05—2015	公路悬索桥设计规范(12674)	55.00
52		JTG/T D65-06—2015	公路钢管混凝土拱桥设计规范(12514)	40.00
53		JTG D70—2004	公路隧道设计规范(05180)	50.00
54		JTG/T D70—2010	★公路隧道设计细则(08478)	66.00
55		JTG D70/2—2014	公路隧道设计规范 第二册 交通工程与附属设施(11543)	50.00
56		JTG/T D70/2-01—2014	公路隧道照明设计细则(11541)	35.00
57		JTG/T D70/2-02—2014	公路隧道通风设计细则(11546)	70.00

续上表

序号	类别	编号	书名（书号）	定价(元)
58	设计 交通工程	JTG D80—2006	高速公路交通工程及沿线设施设计通用规范(0998)	25.00
59		JTG D81—2006	★公路交通安全设施设计规范(0977)	25.00
60		JTG/T D81—2006	★公路交通安全设施设计细则(0997)	35.00
61		JTG D82—2009	公路交通标志和标线设置规范(07947)	116.00
62	综合	交公路发〔2007〕358号	公路工程基本建设项目设计文件编制办法(06746)	26.00
63		交公路发〔2007〕358号	公路工程基本建设项目设计文件图表示例(06770)	600.00
64		交公路发〔2015〕69号	公路工程特殊结构桥梁项目设计文件编制办法(12455)	30.00
65	检测	JTG E20—2011	公路工程沥青及沥青混合料试验规程(09468)	106.00
66		JTG E30—2005	公路工程水泥及水泥混凝土试验规程(0830)	32.00
67		JTG E40—2007	★公路土工试验规程(06794)	79.00
68		JTG E41—2005	公路工程岩石试验规程(0828)	18.00
69		JTG E42—2005	公路工程集料试验规程(0829)	30.00
70		JTG E50—2006	★公路工程土工合成材料试验规程(0982)	28.00
71		JTG E51—2009	公路工程无机结合料稳定材料试验规程(08046)	48.00
72		JTG E60—2008	公路路基路面现场测试规程(07296)	38.00
73		JTG/T E61—2014	公路路面技术状况自动化检测规程(11830)	25.00
74	施工 公路	JTG F10—2006	公路路基施工技术规范(06221)	40.00
75		JTG/T F20—2015	★公路路面基层施工技术细则(12367)	45.00
76		JTG/T F30—2014	公路水泥混凝土路面施工技术细则(11244)	60.00
77		JTG/T F31—2014	公路水泥混凝土路面再生利用技术细则(11360)	30.00
78		JTG F40—2004	★公路沥青路面施工技术规范(05328)	38.00
79		JTG F41—2008	公路沥青路面再生技术规范(07105)	25.00
80	桥隧	JTG/T F50—2011	★公路桥涵施工技术规范(09224)	110.00
81		JTG/T F81-01—2004	公路工程基桩动测技术规程(0783)	20.00
82		JTG F60—2009	公路隧道施工技术规范(07992)	42.00
83		JTG/T F60—2009	公路隧道施工技术细则(07991)	58.00
84	交通	JTG F71—2006	★公路交通安全设施施工技术规范(0976)	20.00
85		JTG/T F72—2011	公路隧道交通工程与附属设施施工技术规范(09509)	35.00
86	质检 安全	JTG F80/1—2004	公路工程质量检验评定标准 第一册 土建工程(05327)	46.00
87		JTG F80/2—2004	公路工程质量检验评定标准 第二册 机电工程(05325)	26.00
88		JTG G10—2006	公路工程施工监理规范(06267)	20.00
89		JTG F90—2015	★公路工程施工安全技术规范(12138)	68.00
90	养护 管理	JTG H10—2009	公路养护技术规范(08071)	49.00
91		JTJ 073.1—2001	公路水泥混凝土路面养护技术规范(0520)	12.00
92		JTJ 073.2—2001	公路沥青路面养护技术规范(0551)	13.00
93		JTG H11—2004	公路桥涵养护规范(05025)	30.00
94		JTG H12—2015	公路隧道养护技术规范(12062)	60.00
95		JTG H20—2007	公路技术状况评定标准(1140)	15.00
96		JTG/T H21—2011	★公路桥梁技术状况评定标准(09324)	46.00
97		JTG H30—2015	公路养护安全作业规程(12234)	90.00
98		JTG H40—2002	公路养护工程预算编制导则(0641)	9.00
99	加固设计 与施工	JTG/T J21—2011	公路桥梁承载能力检测评定规程(09480)	20.00
100		JTG/T J22—2008	公路桥梁加固设计规范(07380)	52.00
101		JTG/T J23—2008	公路桥梁加固施工技术规范(07378)	30.00
102	改扩建	JTG/T L11—2014	高速公路改扩建设计细则(11998)	45.00
103		JTG/T L80—2014	高速公路改扩建交通工程及沿线设施设计细则(11999)	30.00
104	造价	JTG M20—2011	公路工程基本建设项目投资估算编制办法(09557)	30.00
105		JTG/T M21—2011	公路工程估算指标(09531)	110.00
1	技术 指南	交公便字〔2006〕02号	公路工程水泥混凝土外加剂与掺合料应用技术指南(0925)	50.00
2		交公便字〔2006〕02号	公路工程抗冻设计与施工技术指南(0926)	26.00
3		厅公路字〔2006〕418号	公路安全保障工程实施技术指南(1034)	40.00
4		交公便字〔2009〕145号	公路交通标志和标线设置手册(07990)	165.00

注：JTG——公路工程行业标准体系；JTG/T——公路工程行业推荐性标准体系；JTJ——仍在执行的公路工程原行业标准体系。

批发业务电话:010-59757973；零售业务电话:010-85285659（北京）；网上书店电话:010-59757908；业务咨询电话:010-85285922。带"★"的表示有勘误，详见中国交通运输标准服务平台 www.yuetong.cn/bzfw。